Libro de proyectos de costura

Información

NOMBRE

DIRECCIÓN

DIRECCIÓN DE CORREO ELECTRÓNICO

PÁGINA WEB

TELÉFONO **FAX**

PERSONA DE CONTACTO EN CASO DE EMERGENCIA

TELÉFONO **FAX**

Rastreador de costura para llevar un registro de los proyectos de costura - regalo perfecto para los amantes de la costura

Libro de proyectos de costura

DETALLES

PROYECTO ....
CREADO PARA ....
FECHA DE INICIO .... **FECHA DE FINALIZACIÓN** ....
PUNTO .... **CANTIDAD** ....
PRECIO .... **DEPÓSITO PAGADO** .... **SALDO PAGADO** ....
MODELO UTILIZADO ....
MATERIAL NECESARIO ....

ESQUEMA / FOTO

NOTAS ADICAIONALES

....
....
....
....
....
....
....

Rastreador de costura para llevar un registro de los proyectos de costura - regalo perfecto para los amantes de la costura

Rastreador de costura para llevar un registro de los proyectos de costura - regalo perfecto para los amantes de la costura

DETALLES

PROYECTO ....

CREADO PARA ....

FECHA DE INICIO .... **FECHA DE FINALIZACIÓN** ....

PUNTO .... **CANTIDAD** ....

PRECIO .... **DEPÓSITO PAGADO** .... **SALDO PAGADO** ....

MODELO UTILIZADO ....

MATERIAL NECESARIO ....

ESQUEMA / FOTO

NOTAS ADICAIONALES

....
....
....
....
....
....
....

Libro de proyectos de costura

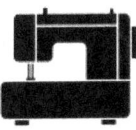

Libro de proyectos de costura

DETALLES

PROYECTO ....
CREADO PARA ....
FECHA DE INICIO .... **FECHA DE FINALIZACIÓN** ....
PUNTO .... **CANTIDAD** ....
PRECIO .... **DEPÓSITO PAGADO** .... **SALDO PAGADO** ....
MODELO UTILIZADO ....
MATERIAL NECESARIO ....

ESQUEMA / FOTO

NOTAS ADICAIONALES

....
....
....
....
....
....
....

Rastreador de costura para llevar un registro de los proyectos de costura - regalo perfecto para los amantes de la costura

Rastreador de costura para llevar un registro de los proyectos de costura - regalo perfecto para los amantes de la costura

DETALLES

PROYECTO ....
CREADO PARA ....
FECHA DE INICIO .... **FECHA DE FINALIZACIÓN** ....
PUNTO .... **CANTIDAD** ....
PRECIO .... **DEPÓSITO PAGADO** .... **SALDO PAGADO** ....
MODELO UTILIZADO ....
MATERIAL NECESARIO ....

ESQUEMA / FOTO

NOTAS ADICAIONALES

....
....
....
....
....
....
....

Libro de proyectos de costura

Libro de proyectos de costura

DETALLES

PROYECTO ....
CREADO PARA ....
FECHA DE INICIO .... **FECHA DE FINALIZACIÓN** ....
PUNTO .... **CANTIDAD** ....
PRECIO .... **DEPÓSITO PAGADO** .... **SALDO PAGADO** ....
MODELO UTILIZADO ....
MATERIAL NECESARIO ....

ESQUEMA / FOTO

NOTAS ADICAIONALES

....
....
....
....
....
....
....

Rastreador de costura para llevar un registro de los proyectos de costura - regalo perfecto para los amantes de la costura

Rastreador de costura para llevar un registro de los proyectos de costura - regalo perfecto para los amantes de la costura

DETALLES

PROYECTO ....

CREADO PARA ....

FECHA DE INICIO .... **FECHA DE FINALIZACIÓN** ....

PUNTO .... **CANTIDAD** ....

PRECIO .... **DEPÓSITO PAGADO** .... **SALDO PAGADO** ....

MODELO UTILIZADO ....

MATERIAL NECESARIO ....

ESQUEMA / FOTO

NOTAS ADICAIONALES

....
....
....
....
....
....
....
....

Libro de proyectos de costura

Libro de proyectos de costura

DETALLES

PROYECTO ....
CREADO PARA ....
FECHA DE INICIO .... **FECHA DE FINALIZACIÓN** ....
PUNTO .... **CANTIDAD** ....
PRECIO .... **DEPÓSITO PAGADO** .... **SALDO PAGADO** ....
MODELO UTILIZADO ....
MATERIAL NECESARIO ....

ESQUEMA / FOTO

NOTAS ADICAIONALES

....
....
....
....
....
....

Rastreador de costura para llevar un registro de los proyectos de costura - regalo perfecto para los amantes de la costura

Rastreador de costura para llevar un registro de los proyectos de costura - regalo perfecto para los amantes de la costura

DETALLES

PROYECTO ....

CREADO PARA ....

FECHA DE INICIO .... **FECHA DE FINALIZACIÓN** ....

PUNTO .... **CANTIDAD** ....

PRECIO .... **DEPÓSITO PAGADO** .... **SALDO PAGADO** ....

MODELO UTILIZADO ....

MATERIAL NECESARIO ....

ESQUEMA / FOTO

NOTAS ADICAIONALES

....
....
....
....
....
....
....

Libro de proyectos de costura

Libro de proyectos de costura

DETALLES

PROYECTO ....
CREADO PARA ....
FECHA DE INICIO .... **FECHA DE FINALIZACIÓN** ....
PUNTO .... **CANTIDAD** ....
PRECIO .... **DEPÓSITO PAGADO** .... **SALDO PAGADO** ....
MODELO UTILIZADO ....
MATERIAL NECESARIO ....

ESQUEMA / FOTO

NOTAS ADICAIONALES

....
....
....
....
....
....
....

Rastreador de costura para llevar un registro de los proyectos de costura - regalo perfecto para los amantes de la costura

Rastreador de costura para llevar un registro de los proyectos de costura - regalo perfecto para los amantes de la costura

DETALLES

PROYECTO ....

CREADO PARA ....

FECHA DE INICIO .... **FECHA DE FINALIZACIÓN** ....

PUNTO .... **CANTIDAD** ....

PRECIO .... **DEPÓSITO PAGADO** .... **SALDO PAGADO** ....

MODELO UTILIZADO ....

MATERIAL NECESARIO ....

ESQUEMA / FOTO

NOTAS ADICAIONALES

....
....
....
....
....
....
....

Libro de proyectos de costura

Libro de proyectos de costura

DETALLES

PROYECTO ....
CREADO PARA ....
FECHA DE INICIO .... **FECHA DE FINALIZACIÓN** ....
PUNTO .... **CANTIDAD** ....
PRECIO .... **DEPÓSITO PAGADO** .... **SALDO PAGADO** ....
MODELO UTILIZADO ....
MATERIAL NECESARIO ....

ESQUEMA / FOTO

NOTAS ADICAIONALES

....
....
....
....
....
....
....
....

Rastreador de costura para llevar un registro de los proyectos de costura - regalo perfecto para los amantes de la costura

Rastreador de costura para llevar un registro de los proyectos de costura - regalo perfecto para los amantes de la costura

DETALLES

PROYECTO ....
CREADO PARA ....
FECHA DE INICIO .... **FECHA DE FINALIZACIÓN** ....
PUNTO .... **CANTIDAD** ....
PRECIO .... **DEPÓSITO PAGADO** .... **SALDO PAGADO** ....
MODELO UTILIZADO ....
MATERIAL NECESARIO ....

ESQUEMA / FOTO

NOTAS ADICAIONALES

....
....
....
....
....
....
....
....

Libro de proyectos de costura

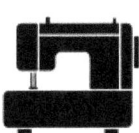

Libro de proyectos de costura

DETALLES

PROYECTO ....
CREADO PARA ....
FECHA DE INICIO .... **FECHA DE FINALIZACIÓN** ....
PUNTO .... **CANTIDAD** ....
PRECIO .... **DEPÓSITO PAGADO** .... **SALDO PAGADO** ....
MODELO UTILIZADO ....
MATERIAL NECESARIO ....

ESQUEMA / FOTO

NOTAS ADICAIONALES

....
....
....
....
....
....
....
....

Rastreador de costura para llevar un registro de los proyectos de costura - regalo perfecto para los amantes de la costura

Rastreador de costura para llevar un registro de los proyectos de costura - regalo perfecto para los amantes de la costura

DETALLES

PROYECTO ....

CREADO PARA ....

FECHA DE INICIO .... **FECHA DE FINALIZACIÓN** ....

PUNTO .... **CANTIDAD** ....

PRECIO .... **DEPÓSITO PAGADO** .... **SALDO PAGADO** ....

MODELO UTILIZADO ....

MATERIAL NECESARIO ....

ESQUEMA / FOTO

NOTAS ADICAIONALES

....
....
....
....
....
....
....
....

Libro de proyectos de costura

Libro de proyectos de costura

DETALLES

PROYECTO ....
CREADO PARA ....
FECHA DE INICIO .... **FECHA DE FINALIZACIÓN** ....
PUNTO .... **CANTIDAD** ....
PRECIO .... **DEPÓSITO PAGADO** .... **SALDO PAGADO** ....
MODELO UTILIZADO ....
MATERIAL NECESARIO ....

ESQUEMA / FOTO

NOTAS ADICAIONALES

....
....
....
....
....
....
....

Rastreador de costura para llevar un registro de los proyectos de costura - regalo perfecto para los amantes de la costura

Rastreador de costura para llevar un registro de los proyectos de costura - regalo perfecto para los amantes de la costura

DETALLES

PROYECTO ....

CREADO PARA ....

FECHA DE INICIO .... **FECHA DE FINALIZACIÓN** ....

PUNTO .... **CANTIDAD** ....

PRECIO .... **DEPÓSITO PAGADO** .... **SALDO PAGADO** ....

MODELO UTILIZADO ....

MATERIAL NECESARIO ....

ESQUEMA / FOTO

NOTAS ADICAIONALES

....
....
....
....
....
....
....
....

Libro de proyectos de costura

Libro de proyectos de costura

DETALLES

PROYECTO ....
CREADO PARA ....
FECHA DE INICIO .... **FECHA DE FINALIZACIÓN** ....
PUNTO .... **CANTIDAD** ....
PRECIO .... **DEPÓSITO PAGADO** .... **SALDO PAGADO** ....
MODELO UTILIZADO ....
MATERIAL NECESARIO ....

ESQUEMA / FOTO

NOTAS ADICAIONALES

....
....
....
....
....
....
....
....

Rastreador de costura para llevar un registro de los proyectos de costura - regalo perfecto para los amantes de la costura

Rastreador de costura para llevar un registro de los proyectos de costura - regalo perfecto para los amantes de la costura

DETALLES

PROYECTO ....

CREADO PARA ....

FECHA DE INICIO .... **FECHA DE FINALIZACIÓN** ....

PUNTO .... **CANTIDAD** ....

PRECIO .... **DEPÓSITO PAGADO** .... **SALDO PAGADO** ....

MODELO UTILIZADO ....

MATERIAL NECESARIO ....

ESQUEMA / FOTO

NOTAS ADICAIONALES

....
....
....
....
....
....
....

Libro de proyectos de costura

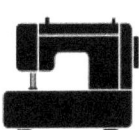

Libro de proyectos de costura

DETALLES

PROYECTO ....

CREADO PARA ....

FECHA DE INICIO .... **FECHA DE FINALIZACIÓN** ....

PUNTO .... **CANTIDAD** ....

PRECIO .... **DEPÓSITO PAGADO** .... **SALDO PAGADO** ....

MODELO UTILIZADO ....

MATERIAL NECESARIO ....

ESQUEMA / FOTO

NOTAS ADICAIONALES

....
....
....
....
....
....
....

Rastreador de costura para llevar un registro de los proyectos de costura - regalo perfecto para los amantes de la costura

Rastreador de costura para llevar un registro de los proyectos de costura - regalo perfecto para los amantes de la costura

DETALLES

PROYECTO ....

CREADO PARA ....

FECHA DE INICIO .... **FECHA DE FINALIZACIÓN** ....

PUNTO .... **CANTIDAD** ....

PRECIO .... **DEPÓSITO PAGADO** .... **SALDO PAGADO** ....

MODELO UTILIZADO ....

MATERIAL NECESARIO ....

ESQUEMA / FOTO

NOTAS ADICAIONALES

....
....
....
....
....
....
....

Libro de proyectos de costura

Libro de proyectos de costura

DETALLES

PROYECTO ....
CREADO PARA ....
FECHA DE INICIO .... **FECHA DE FINALIZACIÓN** ....
PUNTO .... **CANTIDAD** ....
PRECIO .... **DEPÓSITO PAGADO** .... **SALDO PAGADO** ....
MODELO UTILIZADO ....
MATERIAL NECESARIO ....

ESQUEMA / FOTO

NOTAS ADICAIONALES

....
....
....
....
....
....
....

Rastreador de costura para llevar un registro de los proyectos de costura - regalo perfecto para los amantes de la costura

Rastreador de costura para llevar un registro de los proyectos de costura - regalo perfecto para los amantes de la costura

DETALLES

PROYECTO ....

CREADO PARA ....

FECHA DE INICIO .... **FECHA DE FINALIZACIÓN** ....

PUNTO .... **CANTIDAD** ....

PRECIO .... **DEPÓSITO PAGADO** .... **SALDO PAGADO** ....

MODELO UTILIZADO ....

MATERIAL NECESARIO ....

ESQUEMA / FOTO

NOTAS ADICAIONALES

....
....
....
....
....
....
....

Libro de proyectos de costura

Libro de proyectos de costura

DETALLES

PROYECTO ....
CREADO PARA ....
FECHA DE INICIO .... **FECHA DE FINALIZACIÓN** ....
PUNTO .... **CANTIDAD** ....
PRECIO .... **DEPÓSITO PAGADO** .... **SALDO PAGADO** ....
MODELO UTILIZADO ....
MATERIAL NECESARIO ....

ESQUEMA / FOTO

NOTAS ADICAIONALES

....
....
....
....
....
....
....

Rastreador de costura para llevar un registro de los proyectos de costura - regalo perfecto para los amantes de la costura

Rastreador de costura para llevar un registro de los proyectos de costura - regalo perfecto para los amantes de la costura

DETALLES

PROYECTO ....

CREADO PARA ....

FECHA DE INICIO .... **FECHA DE FINALIZACIÓN** ....

PUNTO .... **CANTIDAD** ....

PRECIO .... **DEPÓSITO PAGADO** .... **SALDO PAGADO** ....

MODELO UTILIZADO ....

MATERIAL NECESARIO ....

ESQUEMA / FOTO

NOTAS ADICAIONALES

....
....
....
....
....
....
....
....

Libro de proyectos de costura

Libro de proyectos de costura

DETALLES

PROYECTO ....
CREADO PARA ....
FECHA DE INICIO .... **FECHA DE FINALIZACIÓN** ....
PUNTO .... **CANTIDAD** ....
PRECIO .... **DEPÓSITO PAGADO** .... **SALDO PAGADO** ....
MODELO UTILIZADO ....
MATERIAL NECESARIO ....

ESQUEMA / FOTO

NOTAS ADICAIONALES

....
....
....
....
....
....
....

Rastreador de costura para llevar un registro de los proyectos de costura - regalo perfecto para los amantes de la costura

Rastreador de costura para llevar un registro de los proyectos de costura - regalo perfecto para los amantes de la costura

DETALLES

PROYECTO ....

CREADO PARA ....

FECHA DE INICIO .... **FECHA DE FINALIZACIÓN** ....

PUNTO .... **CANTIDAD** ....

PRECIO .... **DEPÓSITO PAGADO** .... **SALDO PAGADO** ....

MODELO UTILIZADO ....

MATERIAL NECESARIO ....

ESQUEMA / FOTO

NOTAS ADICAIONALES

....
....
....
....
....
....
....
....

Libro de proyectos de costura

Libro de proyectos de costura

DETALLES

PROYECTO ....
CREADO PARA ....
FECHA DE INICIO .... **FECHA DE FINALIZACIÓN** ....
PUNTO .... **CANTIDAD** ....
PRECIO .... **DEPÓSITO PAGADO** .... **SALDO PAGADO** ....
MODELO UTILIZADO ....
MATERIAL NECESARIO ....

ESQUEMA / FOTO

NOTAS ADICAIONALES

....
....
....
....
....
....
....
....

Rastreador de costura para llevar un registro de los proyectos de costura - regalo perfecto para los amantes de la costura

Rastreador de costura para llevar un registro de los proyectos de costura - regalo perfecto para los amantes de la costura

DETALLES

PROYECTO ....
CREADO PARA ....
FECHA DE INICIO .... **FECHA DE FINALIZACIÓN** ....
PUNTO .... **CANTIDAD** ....
PRECIO .... **DEPÓSITO PAGADO** .... **SALDO PAGADO** ....
MODELO UTILIZADO ....
MATERIAL NECESARIO ....

ESQUEMA / FOTO

NOTAS ADICAIONALES

....
....
....
....
....
....
....

Libro de proyectos de costura

Libro de proyectos de costura

DETALLES

PROYECTO ....
CREADO PARA ....
FECHA DE INICIO .... **FECHA DE FINALIZACIÓN** ....
PUNTO .... **CANTIDAD** ....
PRECIO .... **DEPÓSITO PAGADO** .... **SALDO PAGADO** ....
MODELO UTILIZADO ....
MATERIAL NECESARIO ....

ESQUEMA / FOTO

NOTAS ADICAIONALES

....
....
....
....
....
....
....

Rastreador de costura para llevar un registro de los proyectos de costura - regalo perfecto para los amantes de la costura

Rastreador de costura para llevar un registro de los proyectos de costura - regalo perfecto para los amantes de la costura

DETALLES

PROYECTO ....
CREADO PARA ....
FECHA DE INICIO .... **FECHA DE FINALIZACIÓN** ....
PUNTO .... **CANTIDAD** ....
PRECIO .... **DEPÓSITO PAGADO** .... **SALDO PAGADO** ....
MODELO UTILIZADO ....
MATERIAL NECESARIO ....

ESQUEMA / FOTO

NOTAS ADICAIONALES

....
....
....
....
....
....
....

Libro de proyectos de costura

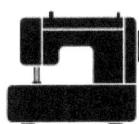

Libro de proyectos de costura

DETALLES

PROYECTO ....
CREADO PARA ....
FECHA DE INICIO .... **FECHA DE FINALIZACIÓN** ....
PUNTO .... **CANTIDAD** ....
PRECIO .... **DEPÓSITO PAGADO** .... **SALDO PAGADO** ....
MODELO UTILIZADO ....
MATERIAL NECESARIO ....

ESQUEMA / FOTO

NOTAS ADICAIONALES

....
....
....
....
....
....
....

Rastreador de costura para llevar un registro de los proyectos de costura - regalo perfecto para los amantes de la costura

Rastreador de costura para llevar un registro de los proyectos de costura - regalo perfecto para los amantes de la costura

DETALLES

PROYECTO ....
CREADO PARA ....
FECHA DE INICIO .... **FECHA DE FINALIZACIÓN** ....
PUNTO .... **CANTIDAD** ....
PRECIO .... **DEPÓSITO PAGADO** .... **SALDO PAGADO** ....
MODELO UTILIZADO ....
MATERIAL NECESARIO ....

ESQUEMA / FOTO

NOTAS ADICAIONALES

....
....
....
....
....
....
....
....

Libro de proyectos de costura

Libro de proyectos de costura

DETALLES

PROYECTO ....
CREADO PARA ....
FECHA DE INICIO .... **FECHA DE FINALIZACIÓN** ....
PUNTO .... **CANTIDAD** ....
PRECIO .... **DEPÓSITO PAGADO** .... **SALDO PAGADO** ....
MODELO UTILIZADO ....
MATERIAL NECESARIO ....

ESQUEMA / FOTO

NOTAS ADICAIONALES

....
....
....
....
....
....
....
....

Rastreador de costura para llevar un registro de los proyectos de costura - regalo perfecto para los amantes de la costura

Rastreador de costura para llevar un registro de los proyectos de costura - regalo perfecto para los amantes de la costura

DETALLES

PROYECTO ....

CREADO PARA ....

FECHA DE INICIO .... **FECHA DE FINALIZACIÓN** ....

PUNTO .... **CANTIDAD** ....

PRECIO .... **DEPÓSITO PAGADO** .... **SALDO PAGADO** ....

MODELO UTILIZADO ....

MATERIAL NECESARIO ....

ESQUEMA / FOTO

NOTAS ADICAIONALES

....
....
....
....
....
....
....
....

Libro de proyectos de costura

Libro de proyectos de costura

DETALLES

PROYECTO ....

CREADO PARA ....

FECHA DE INICIO .... **FECHA DE FINALIZACIÓN** ....

PUNTO .... **CANTIDAD** ....

PRECIO .... **DEPÓSITO PAGADO** .... **SALDO PAGADO** ....

MODELO UTILIZADO ....

MATERIAL NECESARIO ....

ESQUEMA / FOTO

NOTAS ADICAIONALES

....
....
....
....
....
....
....

Rastreador de costura para llevar un registro de los proyectos de costura - regalo perfecto para los amantes de la costura

Rastreador de costura para llevar un registro de los proyectos de costura - regalo perfecto para los amantes de la costura

DETALLES

PROYECTO ....
CREADO PARA ....
FECHA DE INICIO .... **FECHA DE FINALIZACIÓN** ....
PUNTO .... **CANTIDAD** ....
PRECIO .... **DEPÓSITO PAGADO** .... **SALDO PAGADO** ....
MODELO UTILIZADO ....
MATERIAL NECESARIO ....

ESQUEMA / FOTO

NOTAS ADICAIONALES

....
....
....
....
....
....
....
....

Libro de proyectos de costura

Libro de proyectos de costura

DETALLES

PROYECTO ....
CREADO PARA ....
FECHA DE INICIO .... FECHA DE FINALIZACIÓN ....
PUNTO .... CANTIDAD ....
PRECIO .... DEPÓSITO PAGADO .... SALDO PAGADO ....
MODELO UTILIZADO ....
MATERIAL NECESARIO ....

ESQUEMA / FOTO

NOTAS ADICAIONALES

....
....
....
....
....
....
....

Rastreador de costura para llevar un registro de los proyectos de costura - regalo perfecto para los amantes de la costura

Rastreador de costura para llevar un registro de los proyectos de costura - regalo perfecto para los amantes de la costura

DETALLES

PROYECTO ....
CREADO PARA ....
FECHA DE INICIO .... **FECHA DE FINALIZACIÓN** ....
PUNTO .... **CANTIDAD** ....
PRECIO .... **DEPÓSITO PAGADO** .... **SALDO PAGADO** ....
MODELO UTILIZADO ....
MATERIAL NECESARIO ....

ESQUEMA / FOTO

NOTAS ADICAIONALES

....
....
....
....
....
....
....
....

Libro de proyectos de costura

Libro de proyectos de costura

DETALLES

PROYECTO ....
CREADO PARA ....
FECHA DE INICIO .... **FECHA DE FINALIZACIÓN** ....
PUNTO .... **CANTIDAD** ....
PRECIO .... **DEPÓSITO PAGADO** .... **SALDO PAGADO** ....
MODELO UTILIZADO ....
MATERIAL NECESARIO ....

ESQUEMA / FOTO

NOTAS ADICAIONALES

....
....
....
....
....
....
....
....

Rastreador de costura para llevar un registro de los proyectos de costura - regalo perfecto para los amantes de la costura

Rastreador de costura para llevar un registro de los proyectos de costura - regalo perfecto para los amantes de la costura

DETALLES

PROYECTO ....
CREADO PARA ....
FECHA DE INICIO .... **FECHA DE FINALIZACIÓN** ....
PUNTO .... **CANTIDAD** ....
PRECIO .... **DEPÓSITOPAGADO** .... **SALDO PAGADO** ....
MODELO UTILIZADO ....
MATERIAL NECESARIO ....

ESQUEMA / FOTO

NOTAS ADICAIONALES

....
....
....
....
....
....
....
....

Libro de proyectos de costura

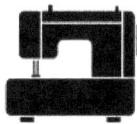

Libro de proyectos de costura

DETALLES

PROYECTO ....
CREADO PARA ....
FECHA DE INICIO .... **FECHA DE FINALIZACIÓN** ....
PUNTO .... **CANTIDAD** ....
PRECIO .... **DEPÓSITO PAGADO** .... **SALDO PAGADO** ....
MODELO UTILIZADO ....
MATERIAL NECESARIO ....

ESQUEMA / FOTO

NOTAS ADICAIONALES

....
....
....
....
....
....
....

Rastreador de costura para llevar un registro de los proyectos de costura - regalo perfecto para los amantes de la costura

Rastreador de costura para llevar un registro de los proyectos de costura - regalo perfecto para los amantes de la costura

DETALLES

PROYECTO ....
CREADO PARA ....
FECHA DE INICIO .... **FECHA DE FINALIZACIÓN** ....
PUNTO .... **CANTIDAD** ....
PRECIO .... **DEPÓSITO PAGADO** .... **SALDO PAGADO** ....
MODELO UTILIZADO ....
MATERIAL NECESARIO ....

ESQUEMA / FOTO

NOTAS ADICAIONALES

....
....
....
....
....
....
....
....

Libro de proyectos de costura

Libro de proyectos de costura

DETALLES

PROYECTO ....
CREADO PARA ....
FECHA DE INICIO .... **FECHA DE FINALIZACIÓN** ....
PUNTO .... **CANTIDAD** ....
PRECIO .... **DEPÓSITO PAGADO** .... **SALDO PAGADO** ....
MODELO UTILIZADO ....
MATERIAL NECESARIO ....

ESQUEMA / FOTO

NOTAS ADICAIONALES

....
....
....
....
....
....
....
....

Rastreador de costura para llevar un registro de los proyectos de costura - regalo perfecto para los amantes de la costura

Rastreador de costura para llevar un registro de los proyectos de costura - regalo perfecto para los amantes de la costura

DETALLES

PROYECTO ....

CREADO PARA ....

FECHA DE INICIO .... **FECHA DE FINALIZACIÓN** ....

PUNTO .... **CANTIDAD** ....

PRECIO .... **DEPÓSITO PAGADO** .... **SALDO PAGADO** ....

MODELO UTILIZADO ....

MATERIAL NECESARIO ....

ESQUEMA / FOTO

NOTAS ADICAIONALES

....
....
....
....
....
....
....
....

Libro de proyectos de costura

Libro de proyectos de costura

DETALLES

PROYECTO ....
CREADO PARA ....
FECHA DE INICIO .... **FECHA DE FINALIZACIÓN** ....
PUNTO .... **CANTIDAD** ....
PRECIO .... **DEPÓSITO PAGADO** .... **SALDO PAGADO** ....
MODELO UTILIZADO ....
MATERIAL NECESARIO ....

ESQUEMA / FOTO

NOTAS ADICAIONALES

....
....
....
....
....
....
....

Rastreador de costura para llevar un registro de los proyectos de costura - regalo perfecto para los amantes de la costura

Rastreador de costura para llevar un registro de los proyectos de costura - regalo perfecto para los amantes de la costura

DETALLES

PROYECTO ....
CREADO PARA ....
FECHA DE INICIO .... **FECHA DE FINALIZACIÓN** ....
PUNTO .... **CANTIDAD** ....
PRECIO .... **DEPÓSITO PAGADO** .... **SALDO PAGADO** ....
MODELO UTILIZADO ....
MATERIAL NECESARIO ....

ESQUEMA / FOTO

NOTAS ADICAIONALES

....
....
....
....
....
....
....
....

Libro de proyectos de costura

Libro de proyectos de costura

DETALLES

PROYECTO ....
CREADO PARA ....
FECHA DE INICIO .... **FECHA DE FINALIZACIÓN** ....
PUNTO .... **CANTIDAD** ....
PRECIO .... **DEPÓSITO PAGADO** .... **SALDO PAGADO** ....
MODELO UTILIZADO ....
MATERIAL NECESARIO ....

ESQUEMA / FOTO

NOTAS ADICAIONALES

....
....
....
....
....
....
....

Rastreador de costura para llevar un registro de los proyectos de costura - regalo perfecto para los amantes de la costura

Rastreador de costura para llevar un registro de los proyectos de costura - regalo perfecto para los amantes de la costura

DETALLES

PROYECTO ....

CREADO PARA ....

FECHA DE INICIO .... **FECHA DE FINALIZACIÓN** ....

PUNTO .... **CANTIDAD** ....

PRECIO .... **DEPÓSITO PAGADO** .... **SALDO PAGADO** ....

MODELO UTILIZADO ....

MATERIAL NECESARIO ....

ESQUEMA / FOTO

NOTAS ADICAIONALES

....
....
....
....
....
....
....
....

Libro de proyectos de costura

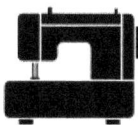

Libro de proyectos de costura

DETALLES

PROYECTO ....
CREADO PARA ....
FECHA DE INICIO .... FECHA DE FINALIZACIÓN ....
PUNTO .... CANTIDAD ....
PRECIO .... DEPÓSITO PAGADO .... SALDO PAGADO ....
MODELO UTILIZADO ....
MATERIAL NECESARIO ....

ESQUEMA / FOTO

NOTAS ADICAIONALES

....
....
....
....
....
....
....
....

Rastreador de costura para llevar un registro de los proyectos de costura - regalo perfecto para los amantes de la costura

Rastreador de costura para llevar un registro de los proyectos de costura - regalo perfecto para los amantes de la costura

DETALLES

PROYECTO ....

CREADO PARA ....

FECHA DE INICIO .... **FECHA DE FINALIZACIÓN** ....

PUNTO .... **CANTIDAD** ....

PRECIO .... **DEPÓSITO PAGADO** .... **SALDO PAGADO** ....

MODELO UTILIZADO ....

MATERIAL NECESARIO ....

ESQUEMA / FOTO

NOTAS ADICAIONALES

....
....
....
....
....
....
....
....

Libro de proyectos de costura

Libro de proyectos de costura

DETALLES

PROYECTO ....
CREADO PARA ....
FECHA DE INICIO .... **FECHA DE FINALIZACIÓN** ....
PUNTO .... **CANTIDAD** ....
PRECIO .... **DEPÓSITO PAGADO** .... **SALDO PAGADO** ....
MODELO UTILIZADO ....
MATERIAL NECESARIO ....

ESQUEMA / FOTO

NOTAS ADICAIONALES

....
....
....
....
....
....

Rastreador de costura para llevar un registro de los proyectos de costura - regalo perfecto para los amantes de la costura

Rastreador de costura para llevar un registro de los proyectos de costura - regalo perfecto para los amantes de la costura

DETALLES

PROYECTO ....
CREADO PARA ....
FECHA DE INICIO .... **FECHA DE FINALIZACIÓN** ....
PUNTO .... **CANTIDAD** ....
PRECIO .... **DEPÓSITO PAGADO** .... **SALDO PAGADO** ....
MODELO UTILIZADO ....
MATERIAL NECESARIO ....

ESQUEMA / FOTO

NOTAS ADICAIONALES

....
....
....
....
....
....
....

Libro de proyectos de costura

Libro de proyectos de costura

DETALLES

PROYECTO ....
CREADO PARA ....
FECHA DE INICIO .... **FECHA DE FINALIZACIÓN** ....
PUNTO .... **CANTIDAD** ....
PRECIO .... **DEPÓSITO PAGADO** .... **SALDO PAGADO** ....
MODELO UTILIZADO ....
MATERIAL NECESARIO ....

ESQUEMA / FOTO

NOTAS ADICAIONALES

....
....
....
....
....
....
....
....

Rastreador de costura para llevar un registro de los proyectos de costura - regalo perfecto para los amantes de la costura

Rastreador de costura para llevar un registro de los proyectos de costura - regalo perfecto para los amantes de la costura

DETALLES

PROYECTO ....
CREADO PARA ....
FECHA DE INICIO .... **FECHA DE FINALIZACIÓN** ....
PUNTO .... **CANTIDAD** ....
PRECIO .... **DEPÓSITO PAGADO** .... **SALDO PAGADO** ....
MODELO UTILIZADO ....
MATERIAL NECESARIO ....

ESQUEMA / FOTO

NOTAS ADICAIONALES

....
....
....
....
....
....
....
....

Libro de proyectos de costura

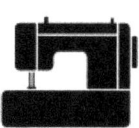

Libro de proyectos de costura

DETALLES

PROYECTO ....

CREADO PARA ....

FECHA DE INICIO .... FECHA DE FINALIZACIÓN ....

PUNTO .... CANTIDAD ....

PRECIO .... DEPÓSITO PAGADO .... SALDO PAGADO ....

MODELO UTILIZADO ....

MATERIAL NECESARIO ....

ESQUEMA / FOTO

NOTAS ADICAIONALES

....
....
....
....
....
....
....
....

Rastreador de costura para llevar un registro de los proyectos de costura - regalo perfecto para los amantes de la costura

Rastreador de costura para llevar un registro de los proyectos de costura - regalo perfecto para los amantes de la costura

DETALLES

PROYECTO ....
CREADO PARA ....
FECHA DE INICIO .... **FECHA DE FINALIZACIÓN** ....
PUNTO .... **CANTIDAD** ....
PRECIO .... **DEPÓSITO PAGADO** .... **SALDO PAGADO** ....
MODELO UTILIZADO ....
MATERIAL NECESARIO ....

ESQUEMA / FOTO

NOTAS ADICAIONALES

....
....
....
....
....
....
....
....

Libro de proyectos de costura

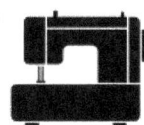

Libro de proyectos de costura

DETALLES

PROYECTO ....
CREADO PARA ....
FECHA DE INICIO .... **FECHA DE FINALIZACIÓN** ....
PUNTO .... **CANTIDAD** ....
PRECIO .... **DEPÓSITO PAGADO** .... **SALDO PAGADO** ....
MODELO UTILIZADO ....
MATERIAL NECESARIO ....

ESQUEMA / FOTO

NOTAS ADICAIONALES

....
....
....
....
....
....
....

Rastreador de costura para llevar un registro de los proyectos de costura - regalo perfecto para los amantes de la costura

Rastreador de costura para llevar un registro de los proyectos de costura - regalo perfecto para los amantes de la costura

DETALLES

PROYECTO ....

CREADO PARA ....

FECHA DE INICIO .... **FECHA DE FINALIZACIÓN** ....

PUNTO .... **CANTIDAD** ....

PRECIO .... **DEPÓSITO PAGADO** .... **SALDO PAGADO** ....

MODELO UTILIZADO ....

MATERIAL NECESARIO ....

ESQUEMA / FOTO

NOTAS ADICAIONALES

....
....
....
....
....
....
....
....

Libro de proyectos de costura

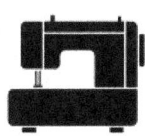

Libro de proyectos de costura

DETALLES

PROYECTO ....
CREADO PARA ....
FECHA DE INICIO .... **FECHA DE FINALIZACIÓN** ....
PUNTO .... **CANTIDAD** ....
PRECIO .... **DEPÓSITO PAGADO** .... **SALDO PAGADO** ....
MODELO UTILIZADO ....
MATERIAL NECESARIO ....

ESQUEMA / FOTO

NOTAS ADICAIONALES

....
....
....
....
....
....
....
....

Rastreador de costura para llevar un registro de los proyectos de costura - regalo perfecto para los amantes de la costura

Rastreador de costura para llevar un registro de los proyectos de costura - regalo perfecto para los amantes de la costura

DETALLES

PROYECTO ....

CREADO PARA ....

FECHA DE INICIO .... **FECHA DE FINALIZACIÓN** ....

PUNTO .... **CANTIDAD** ....

PRECIO .... **DEPÓSITO PAGADO** .... **SALDO PAGADO** ....

MODELO UTILIZADO ....

MATERIAL NECESARIO ....

ESQUEMA / FOTO

NOTAS ADICAIONALES

....
....
....
....
....
....
....
....

Libro de proyectos de costura

Libro de proyectos de costura

DETALLES

PROYECTO ....
CREADO PARA ....
FECHA DE INICIO .... **FECHA DE FINALIZACIÓN** ....
PUNTO .... **CANTIDAD** ....
PRECIO .... **DEPÓSITO PAGADO** .... **SALDO PAGADO** ....
MODELO UTILIZADO ....
MATERIAL NECESARIO ....

ESQUEMA / FOTO

NOTAS ADICAIONALES

....
....
....
....
....
....
....

Rastreador de costura para llevar un registro de los proyectos de costura - regalo perfecto para los amantes de la costura

Rastreador de costura para llevar un registro de los proyectos de costura - regalo perfecto para los amantes de la costura

DETALLES

PROYECTO ....
CREADO PARA ....
FECHA DE INICIO .... **FECHA DE FINALIZACIÓN** ....
PUNTO .... **CANTIDAD** ....
PRECIO .... **DEPÓSITO PAGADO** .... **SALDO PAGADO** ....
MODELO UTILIZADO ....
MATERIAL NECESARIO ....

ESQUEMA / FOTO

NOTAS ADICAIONALES

....
....
....
....
....
....
....
....

Libro de proyectos de costura

Libro de proyectos de costura

DETALLES

PROYECTO ....
CREADO PARA ....
FECHA DE INICIO .... **FECHA DE FINALIZACIÓN** ....
PUNTO .... **CANTIDAD** ....
PRECIO .... **DEPÓSITO PAGADO** .... **SALDO PAGADO** ....
MODELO UTILIZADO ....
MATERIAL NECESARIO ....

ESQUEMA / FOTO

NOTAS ADICAIONALES

....
....
....
....
....
....
....

Rastreador de costura para llevar un registro de los proyectos de costura - regalo perfecto para los amantes de la costura

Rastreador de costura para llevar un registro de los proyectos de costura - regalo perfecto para los amantes de la costura

DETALLES

PROYECTO ....
CREADO PARA ....
FECHA DE INICIO .... **FECHA DE FINALIZACIÓN** ....
PUNTO .... **CANTIDAD** ....
PRECIO .... **DEPÓSITO PAGADO** .... **SALDO PAGADO** ....
MODELO UTILIZADO ....
MATERIAL NECESARIO ....

ESQUEMA / FOTO

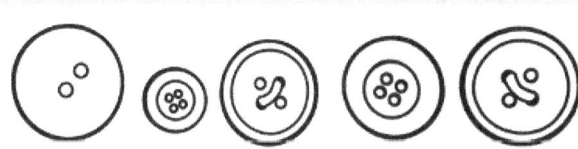

NOTAS ADICAIONALES

....
....
....
....
....
....
....
....

Libro de proyectos de costura

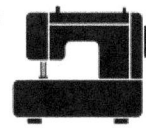

Libro de proyectos de costura

DETALLES

PROYECTO ....
CREADO PARA ....
FECHA DE INICIO .... **FECHA DE FINALIZACIÓN** ....
PUNTO .... **CANTIDAD** ....
PRECIO .... **DEPÓSITO PAGADO** .... **SALDO PAGADO** ....
MODELO UTILIZADO ....
MATERIAL NECESARIO ....

ESQUEMA / FOTO

NOTAS ADICAIONALES

....
....
....
....
....
....
....
....

Rastreador de costura para llevar un registro de los proyectos de costura - regalo perfecto para los amantes de la costura

Rastreador de costura para llevar un registro de los proyectos de costura - regalo perfecto para los amantes de la costura

DETALLES

PROYECTO ....
CREADO PARA ....
FECHA DE INICIO .... **FECHA DE FINALIZACIÓN** ....
PUNTO .... **CANTIDAD** ....
PRECIO .... **DEPÓSITO PAGADO** .... **SALDO PAGADO** ....
MODELO UTILIZADO ....
MATERIAL NECESARIO ....

ESQUEMA / FOTO

NOTAS ADICAIONALES

....
....
....
....
....
....
....
....

Libro de proyectos de costura

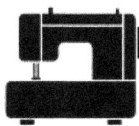

Libro de proyectos de costura

DETALLES

PROYECTO ....
CREADO PARA ....
FECHA DE INICIO .... **FECHA DE FINALIZACIÓN** ....
PUNTO .... **CANTIDAD** ....
PRECIO .... **DEPÓSITO PAGADO** .... **SALDO PAGADO** ....
MODELO UTILIZADO ....
MATERIAL NECESARIO ....

ESQUEMA / FOTO

NOTAS ADICAIONALES

....
....
....
....
....
....
....
....

Rastreador de costura para llevar un registro de los proyectos de costura - regalo perfecto para los amantes de la costura

Rastreador de costura para llevar un registro de los proyectos de costura - regalo perfecto para los amantes de la costura

DETALLES

PROYECTO ....

CREADO PARA ....

FECHA DE INICIO .... **FECHA DE FINALIZACIÓN** ....

PUNTO .... **CANTIDAD** ....

PRECIO .... **DEPÓSITO PAGADO** .... **SALDO PAGADO** ....

MODELO UTILIZADO ....

MATERIAL NECESARIO ....

ESQUEMA / FOTO

NOTAS ADICAIONALES

....
....
....
....
....
....
....
....

Libro de proyectos de costura

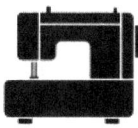

Libro de proyectos de costura

DETALLES

PROYECTO ....
CREADO PARA ....
FECHA DE INICIO .... **FECHA DE FINALIZACIÓN** ....
PUNTO .... **CANTIDAD** ....
PRECIO .... **DEPÓSITO PAGADO** .... **SALDO PAGADO** ....
MODELO UTILIZADO ....
MATERIAL NECESARIO ....

ESQUEMA / FOTO

NOTAS ADICAIONALES

....
....
....
....
....
....
....
....

Rastreador de costura para llevar un registro de los proyectos de costura - regalo perfecto para los amantes de la costura

Rastreador de costura para llevar un registro de los proyectos de costura - regalo perfecto para los amantes de la costura

DETALLES

- **PROYECTO** ....
- **CREADO PARA** ....
- **FECHA DE INICIO** .... **FECHA DE FINALIZACIÓN** ....
- **PUNTO** .... **CANTIDAD** ....
- **PRECIO** .... **DEPÓSITO PAGADO** .... **SALDO PAGADO** ....
- **MODELO UTILIZADO** ....
- **MATERIAL NECESARIO** ....

ESQUEMA / FOTO

NOTAS ADICAIONALES

....
....
....
....
....
....
....

Libro de proyectos de costura

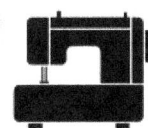

Libro de proyectos de costura

DETALLES

PROYECTO ....
CREADO PARA ....
FECHA DE INICIO .... **FECHA DE FINALIZACIÓN** ....
PUNTO .... **CANTIDAD** ....
PRECIO .... **DEPÓSITO PAGADO** .... **SALDO PAGADO** ....
MODELO UTILIZADO ....
MATERIAL NECESARIO ....

ESQUEMA / FOTO

NOTAS ADICAIONALES

....
....
....
....
....
....
....

Rastreador de costura para llevar un registro de los proyectos de costura - regalo perfecto para los amantes de la costura

Rastreador de costura para llevar un registro de los proyectos de costura - regalo perfecto para los amantes de la costura

DETALLES

PROYECTO ....
CREADO PARA ....
FECHA DE INICIO .... **FECHA DE FINALIZACIÓN** ....
PUNTO .... **CANTIDAD** ....
PRECIO .... **DEPÓSITO PAGADO** .... **SALDO PAGADO** ....
MODELO UTILIZADO ....
MATERIAL NECESARIO ....

ESQUEMA / FOTO

NOTAS ADICAIONALES

....
....
....
....
....
....
....
....

Libro de proyectos de costura

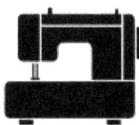

Libro de proyectos de costura

DETALLES

PROYECTO ....
CREADO PARA ....
FECHA DE INICIO .... FECHA DE FINALIZACIÓN ....
PUNTO .... CANTIDAD ....
PRECIO .... DEPÓSITO PAGADO .... SALDO PAGADO ....
MODELO UTILIZADO ....
MATERIAL NECESARIO ....

ESQUEMA / FOTO

NOTAS ADICAIONALES

....
....
....
....
....
....
....

Rastreador de costura para llevar un registro de los proyectos de costura - regalo perfecto para los amantes de la costura

Rastreador de costura para llevar un registro de los proyectos de costura - regalo perfecto para los amantes de la costura

DETALLES

PROYECTO ....
CREADO PARA ....
FECHA DE INICIO .... **FECHA DE FINALIZACIÓN** ....
PUNTO .... **CANTIDAD** ....
PRECIO .... **DEPÓSITO PAGADO** .... **SALDO PAGADO** ....
MODELO UTILIZADO ....
MATERIAL NECESARIO ....

ESQUEMA / FOTO

NOTAS ADICAIONALES

....
....
....
....
....
....
....
....

Libro de proyectos de costura

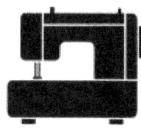

Libro de proyectos de costura

DETALLES

PROYECTO ....
CREADO PARA ....
FECHA DE INICIO .... **FECHA DE FINALIZACIÓN** ....
PUNTO .... **CANTIDAD** ....
PRECIO .... **DEPÓSITO PAGADO** .... **SALDO PAGADO** ....
MODELO UTILIZADO ....
MATERIAL NECESARIO ....

ESQUEMA / FOTO

NOTAS ADICAIONALES

....
....
....
....
....
....
....

Rastreador de costura para llevar un registro de los proyectos de costura - regalo perfecto para los amantes de la costura

Rastreador de costura para llevar un registro de los proyectos de costura - regalo perfecto para los amantes de la costura

DETALLES

PROYECTO ....

CREADO PARA ....

FECHA DE INICIO .... **FECHA DE FINALIZACIÓN** ....

PUNTO .... **CANTIDAD** ....

PRECIO .... **DEPÓSITO PAGADO** .... **SALDO PAGADO** ....

MODELO UTILIZADO ....

MATERIAL NECESARIO ....

ESQUEMA / FOTO

NOTAS ADICAIONALES

....
....
....
....
....
....
....
....

Libro de proyectos de costura

Libro de proyectos de costura

DETALLES

PROYECTO ....
CREADO PARA ....
FECHA DE INICIO .... **FECHA DE FINALIZACIÓN** ....
PUNTO .... **CANTIDAD** ....
PRECIO .... **DEPÓSITO PAGADO** .... **SALDO PAGADO** ....
MODELO UTILIZADO ....
MATERIAL NECESARIO ....

ESQUEMA / FOTO

NOTAS ADICAIONALES

....
....
....
....
....
....
....

Rastreador de costura para llevar un registro de los proyectos de costura - regalo perfecto para los amantes de la costura

Rastreador de costura para llevar un registro de los proyectos de costura - regalo perfecto para los amantes de la costura

DETALLES

PROYECTO ....

CREADO PARA ....

FECHA DE INICIO .... **FECHA DE FINALIZACIÓN** ....

PUNTO .... **CANTIDAD** ....

PRECIO .... **DEPÓSITO PAGADO** .... **SALDO PAGADO** ....

MODELO UTILIZADO ....

MATERIAL NECESARIO ....

ESQUEMA / FOTO

NOTAS ADICAIONALES

....
....
....
....
....
....
....
....

Libro de proyectos de costura

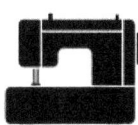

Libro de proyectos de costura

DETALLES

PROYECTO ....
CREADO PARA ....
FECHA DE INICIO .... **FECHA DE FINALIZACIÓN** ....
PUNTO .... **CANTIDAD** ....
PRECIO .... **DEPÓSITO PAGADO** .... **SALDO PAGADO** ....
MODELO UTILIZADO ....
MATERIAL NECESARIO ....

ESQUEMA / FOTO

NOTAS ADICAIONALES

....
....
....
....
....
....
....

Rastreador de costura para llevar un registro de los proyectos de costura - regalo perfecto para los amantes de la costura

Rastreador de costura para llevar un registro de los proyectos de costura - regalo perfecto para los amantes de la costura

DETALLES

PROYECTO ....

CREADO PARA ....

FECHA DE INICIO .... **FECHA DE FINALIZACIÓN** ....

PUNTO .... **CANTIDAD** ....

PRECIO .... **DEPÓSITO PAGADO** .... **SALDO PAGADO** ....

MODELO UTILIZADO ....

MATERIAL NECESARIO ....

ESQUEMA / FOTO

NOTAS ADICAIONALES

....
....
....
....
....
....
....

Libro de proyectos de costura

Libro de proyectos de costura

DETALLES

PROYECTO ....
CREADO PARA ....
FECHA DE INICIO .... **FECHA DE FINALIZACIÓN** ....
PUNTO .... **CANTIDAD** ....
PRECIO .... **DEPÓSITO PAGADO** .... **SALDO PAGADO** ....
MODELO UTILIZADO ....
MATERIAL NECESARIO ....

ESQUEMA / FOTO

NOTAS ADICAIONALES

....
....
....
....
....
....
....

Rastreador de costura para llevar un registro de los proyectos de costura - regalo perfecto para los amantes de la costura

Rastreador de costura para llevar un registro de los proyectos de costura - regalo perfecto para los amantes de la costura

DETALLES

PROYECTO ....

CREADO PARA ....

FECHA DE INICIO .... **FECHA DE FINALIZACIÓN** ....

PUNTO .... **CANTIDAD** ....

PRECIO .... **DEPÓSITO PAGADO** .... **SALDO PAGADO** ....

MODELO UTILIZADO ....

MATERIAL NECESARIO ....

ESQUEMA / FOTO

NOTAS ADICAIONALES

....
....
....
....
....
....
....
....

Libro de proyectos de costura

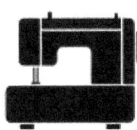

Libro de proyectos de costura

DETALLES

PROYECTO ....
CREADO PARA ....
FECHA DE INICIO .... **FECHA DE FINALIZACIÓN** ....
PUNTO .... **CANTIDAD** ....
PRECIO .... **DEPÓSITO PAGADO** .... **SALDO PAGADO** ....
MODELO UTILIZADO ....
MATERIAL NECESARIO ....

ESQUEMA / FOTO

NOTAS ADICAIONALES

....
....
....
....
....
....
....

Rastreador de costura para llevar un registro de los proyectos de costura - regalo perfecto para los amantes de la costura

Rastreador de costura para llevar un registro de los proyectos de costura - regalo perfecto para los amantes de la costura

DETALLES

PROYECTO ....
CREADO PARA ....
FECHA DE INICIO .... **FECHA DE FINALIZACIÓN** ....
PUNTO .... **CANTIDAD** ....
PRECIO .... **DEPÓSITO PAGADO** .... **SALDO PAGADO** ....
MODELO UTILIZADO ....
MATERIAL NECESARIO ....

ESQUEMA / FOTO

NOTAS ADICAIONALES

....
....
....
....
....
....
....

Libro de proyectos de costura

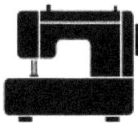

Libro de proyectos de costura

DETALLES

PROYECTO ....
CREADO PARA ....
FECHA DE INICIO .... **FECHA DE FINALIZACIÓN** ....
PUNTO .... **CANTIDAD** ....
PRECIO .... **DEPÓSITO PAGADO** .... **SALDO PAGADO** ....
MODELO UTILIZADO ....
MATERIAL NECESARIO ....

ESQUEMA / FOTO

NOTAS ADICAIONALES

....
....
....
....
....
....
....

Rastreador de costura para llevar un registro de los proyectos de costura - regalo perfecto para los amantes de la costura

Rastreador de costura para llevar un registro de los proyectos de costura - regalo perfecto para los amantes de la costura

DETALLES

PROYECTO ....

CREADO PARA ....

FECHA DE INICIO .... **FECHA DE FINALIZACIÓN** ....

PUNTO .... **CANTIDAD** ....

PRECIO .... **DEPÓSITO PAGADO** .... **SALDO PAGADO** ....

MODELO UTILIZADO ....

MATERIAL NECESARIO ....

ESQUEMA / FOTO

NOTAS ADICAIONALES

....
....
....
....
....
....
....
....

Libro de proyectos de costura

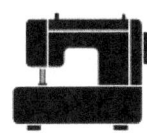

Libro de proyectos de costura

DETALLES

PROYECTO ....
CREADO PARA ....
FECHA DE INICIO .... **FECHA DE FINALIZACIÓN** ....
PUNTO .... **CANTIDAD** ....
PRECIO .... **DEPÓSITO PAGADO** .... **SALDO PAGADO** ....
MODELO UTILIZADO ....
MATERIAL NECESARIO ....

ESQUEMA / FOTO

NOTAS ADICAIONALES

....
....
....
....
....
....
....

Rastreador de costura para llevar un registro de los proyectos de costura - regalo perfecto para los amantes de la costura

Rastreador de costura para llevar un registro de los proyectos de costura - regalo perfecto para los amantes de la costura

DETALLES

PROYECTO ....
CREADO PARA ....
FECHA DE INICIO .... **FECHA DE FINALIZACIÓN** ....
PUNTO .... **CANTIDAD** ....
PRECIO .... **DEPÓSITO PAGADO** .... **SALDO PAGADO** ....
MODELO UTILIZADO ....
MATERIAL NECESARIO ....

ESQUEMA / FOTO

NOTAS ADICAIONALES

....
....
....
....
....
....
....
....

Libro de proyectos de costura

Libro de proyectos de costura

DETALLES

PROYECTO ....
CREADO PARA ....
FECHA DE INICIO .... **FECHA DE FINALIZACIÓN** ....
PUNTO .... **CANTIDAD** ....
PRECIO .... **DEPÓSITO PAGADO** .... **SALDO PAGADO** ....
MODELO UTILIZADO ....
MATERIAL NECESARIO ....

ESQUEMA / FOTO

NOTAS ADICAIONALES

....
....
....
....
....
....
....
....

Rastreador de costura para llevar un registro de los proyectos de costura - regalo perfecto para los amantes de la costura

Rastreador de costura para llevar un registro de los proyectos de costura - regalo perfecto para los amantes de la costura

DETALLES

PROYECTO ....
CREADO PARA ....
FECHA DE INICIO .... **FECHA DE FINALIZACIÓN** ....
PUNTO .... **CANTIDAD** ....
PRECIO .... **DEPÓSITO PAGADO** .... **SALDO PAGADO** ....
MODELO UTILIZADO ....
MATERIAL NECESARIO ....

ESQUEMA / FOTO

NOTAS ADICAIONALES

....
....
....
....
....
....
....
....

Libro de proyectos de costura

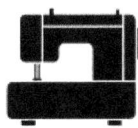

Libro de proyectos de costura

DETALLES

PROYECTO ....
CREADO PARA ....
FECHA DE INICIO .... **FECHA DE FINALIZACIÓN** ....
PUNTO .... **CANTIDAD** ....
PRECIO .... **DEPÓSITO PAGADO** .... **SALDO PAGADO** ....
MODELO UTILIZADO ....
MATERIAL NECESARIO ....

ESQUEMA / FOTO

NOTAS ADICAIONALES

....
....
....
....
....
....
....

Rastreador de costura para llevar un registro de los proyectos de costura - regalo perfecto para los amantes de la costura

Rastreador de costura para llevar un registro de los proyectos de costura - regalo perfecto para los amantes de la costura

DETALLES

PROYECTO ....

CREADO PARA ....

FECHA DE INICIO .... **FECHA DE FINALIZACIÓN** ....

PUNTO .... **CANTIDAD** ....

PRECIO .... **DEPÓSITO PAGADO** .... **SALDO PAGADO** ....

MODELO UTILIZADO ....

MATERIAL NECESARIO ....

ESQUEMA / FOTO

NOTAS ADICAIONALES

....
....
....
....
....
....
....

Libro de proyectos de costura

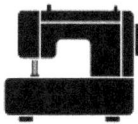

Libro de proyectos de costura

DETALLES

PROYECTO ....
CREADO PARA ....
FECHA DE INICIO .... **FECHA DE FINALIZACIÓN** ....
PUNTO .... **CANTIDAD** ....
PRECIO .... **DEPÓSITO PAGADO** .... **SALDO PAGADO** ....
MODELO UTILIZADO ....
MATERIAL NECESARIO ....

ESQUEMA / FOTO

NOTAS ADICAIONALES

....
....
....
....
....
....

Rastreador de costura para llevar un registro de los proyectos de costura - regalo perfecto para los amantes de la costura

Rastreador de costura para llevar un registro de los proyectos de costura - regalo perfecto para los amantes de la costura

DETALLES

PROYECTO ....
CREADO PARA ....
FECHA DE INICIO .... **FECHA DE FINALIZACIÓN** ....
PUNTO .... **CANTIDAD** ....
PRECIO .... **DEPÓSITO PAGADO** .... **SALDO PAGADO** ....
MODELO UTILIZADO ....
MATERIAL NECESARIO ....

ESQUEMA / FOTO

NOTAS ADICAIONALES

....
....
....
....
....
....
....

Libro de proyectos de costura

Libro de proyectos de costura

DETALLES

PROYECTO ....
CREADO PARA ....
FECHA DE INICIO .... **FECHA DE FINALIZACIÓN** ....
PUNTO .... **CANTIDAD** ....
PRECIO .... **DEPÓSITO PAGADO** .... **SALDO PAGADO** ....
MODELO UTILIZADO ....
MATERIAL NECESARIO ....

ESQUEMA / FOTO

NOTAS ADICAIONALES

....
....
....
....
....
....
....

Rastreador de costura para llevar un registro de los proyectos de costura - regalo perfecto para los amantes de la costura

Rastreador de costura para llevar un registro de los proyectos de costura - regalo perfecto para los amantes de la costura

DETALLES

PROYECTO ....

CREADO PARA ....

FECHA DE INICIO .... **FECHA DE FINALIZACIÓN** ....

PUNTO .... **CANTIDAD** ....

PRECIO .... **DEPÓSITO PAGADO** .... **SALDO PAGADO** ....

MODELO UTILIZADO ....

MATERIAL NECESARIO ....

ESQUEMA / FOTO

NOTAS ADICAIONALES

....
....
....
....
....
....
....
....

Libro de proyectos de costura

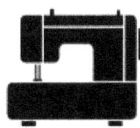

Libro de proyectos de costura

DETALLES

PROYECTO ....
CREADO PARA ....
FECHA DE INICIO .... **FECHA DE FINALIZACIÓN** ....
PUNTO .... **CANTIDAD** ....
PRECIO .... **DEPÓSITO PAGADO** .... **SALDO PAGADO** ....
MODELO UTILIZADO ....
MATERIAL NECESARIO ....

ESQUEMA / FOTO

NOTAS ADICAIONALES

....
....
....
....
....
....
....

Rastreador de costura para llevar un registro de los proyectos de costura - regalo perfecto para los amantes de la costura

Rastreador de costura para llevar un registro de los proyectos de costura - regalo perfecto para los amantes de la costura

DETALLES

PROYECTO ....

CREADO PARA ....

FECHA DE INICIO .... **FECHA DE FINALIZACIÓN** ....

PUNTO .... **CANTIDAD** ....

PRECIO .... **DEPÓSITO PAGADO** .... **SALDO PAGADO** ....

MODELO UTILIZADO ....

MATERIAL NECESARIO ....

ESQUEMA / FOTO

NOTAS ADICAIONALES

....
....
....
....
....
....
....
....

Libro de proyectos de costura

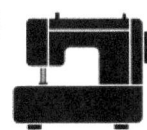

Libro de proyectos de costura

DETALLES

PROYECTO ....
CREADO PARA ....
FECHA DE INICIO .... **FECHA DE FINALIZACIÓN** ....
PUNTO .... **CANTIDAD** ....
PRECIO .... **DEPÓSITO PAGADO** .... **SALDO PAGADO** ....
MODELO UTILIZADO ....
MATERIAL NECESARIO ....

ESQUEMA / FOTO

NOTAS ADICAIONALES

....
....
....
....
....
....
....

Rastreador de costura para llevar un registro de los proyectos de costura - regalo perfecto para los amantes de la costura

Rastreador de costura para llevar un registro de los proyectos de costura - regalo perfecto para los amantes de la costura

DETALLES

PROYECTO ....

CREADO PARA ....

FECHA DE INICIO .... **FECHA DE FINALIZACIÓN** ....

PUNTO .... **CANTIDAD** ....

PRECIO .... **DEPÓSITO PAGADO** .... **SALDO PAGADO** ....

MODELO UTILIZADO ....

MATERIAL NECESARIO ....

ESQUEMA / FOTO

NOTAS ADICAIONALES

....
....
....
....
....
....
....

Libro de proyectos de costura

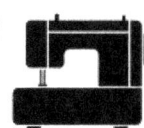

Libro de proyectos de costura

DETALLES

PROYECTO ....
CREADO PARA ....
FECHA DE INICIO .... **FECHA DE FINALIZACIÓN** ....
PUNTO .... **CANTIDAD** ....
PRECIO .... **DEPÓSITO PAGADO** .... **SALDO PAGADO** ....
MODELO UTILIZADO ....
MATERIAL NECESARIO ....

ESQUEMA / FOTO

NOTAS ADICAIONALES

....
....
....
....
....
....
....
....

Rastreador de costura para llevar un registro de los proyectos de costura - regalo perfecto para los amantes de la costura

Rastreador de costura para llevar un registro de los proyectos de costura - regalo perfecto para los amantes de la costura

DETALLES

PROYECTO ....
CREADO PARA ....
FECHA DE INICIO .... **FECHA DE FINALIZACIÓN** ....
PUNTO .... **CANTIDAD** ....
PRECIO .... **DEPÓSITO PAGADO** .... **SALDO PAGADO** ....
MODELO UTILIZADO ....
MATERIAL NECESARIO ....

ESQUEMA / FOTO

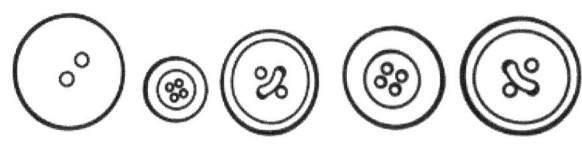

NOTAS ADICAIONALES

....
....
....
....
....
....
....

Libro de proyectos de costura

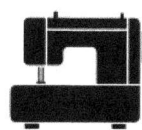

Libro de proyectos de costura

DETALLES

PROYECTO ....
CREADO PARA ....
FECHA DE INICIO .... **FECHA DE FINALIZACIÓN** ....
PUNTO .... **CANTIDAD** ....
PRECIO .... **DEPÓSITO PAGADO** .... **SALDO PAGADO** ......
MODELO UTILIZADO ....
MATERIAL NECESARIO ....

ESQUEMA / FOTO

NOTAS ADICAIONALES

....
....
....
....
....
....

Rastreador de costura para llevar un registro de los proyectos de costura - regalo perfecto para los amantes de la costura

Rastreador de costura para llevar un registro de los proyectos de costura - regalo perfecto para los amantes de la costura

DETALLES

PROYECTO ....
CREADO PARA ....
FECHA DE INICIO .... **FECHA DE FINALIZACIÓN** ....
PUNTO .... **CANTIDAD** ....
PRECIO .... **DEPÓSITO PAGADO** .... **SALDO PAGADO** ....
MODELO UTILIZADO ....
MATERIAL NECESARIO ....

ESQUEMA / FOTO

NOTAS ADICAIONALES

....
....
....
....
....
....
....
....

Libro de proyectos de costura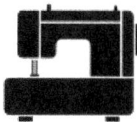

Libro de proyectos de costura

DETALLES

PROYECTO ....
CREADO PARA ....
FECHA DE INICIO .... **FECHA DE FINALIZACIÓN** ....
PUNTO .... **CANTIDAD** ....
PRECIO .... **DEPÓSITO PAGADO** .... **SALDO PAGADO** ....
MODELO UTILIZADO ....
MATERIAL NECESARIO ....

ESQUEMA / FOTO

NOTAS ADICAIONALES

....
....
....
....
....
....
....

Rastreador de costura para llevar un registro de los proyectos de costura - regalo perfecto para los amantes de la costura

Rastreador de costura para llevar un registro de los proyectos de costura - regalo perfecto para los amantes de la costura

DETALLES

PROYECTO ....
CREADO PARA ....
FECHA DE INICIO .... **FECHA DE FINALIZACIÓN** ....
PUNTO .... **CANTIDAD** ....
PRECIO .... **DEPÓSITO PAGADO** .... **SALDO PAGADO** ....
MODELO UTILIZADO ....
MATERIAL NECESARIO ....

ESQUEMA / FOTO

NOTAS ADICAIONALES

....
....
....
....
....
....
....
....

Libro de proyectos de costura

Libro de proyectos de costura

DETALLES

PROYECTO ....
CREADO PARA ....
FECHA DE INICIO .... **FECHA DE FINALIZACIÓN** ....
PUNTO .... **CANTIDAD** ....
PRECIO .... **DEPÓSITO PAGADO** .... **SALDO PAGADO** ....
MODELO UTILIZADO ....
MATERIAL NECESARIO ....

ESQUEMA / FOTO

NOTAS ADICAIONALES

....
....
....
....
....
....
....

Rastreador de costura para llevar un registro de los proyectos de costura - regalo perfecto para los amantes de la costura

Rastreador de costura para llevar un registro de los proyectos de costura - regalo perfecto para los amantes de la costura

DETALLES

PROYECTO ....
CREADO PARA ....
FECHA DE INICIO .... **FECHA DE FINALIZACIÓN** ....
PUNTO .... **CANTIDAD** ....
PRECIO .... **DEPÓSITO PAGADO** .... **SALDO PAGADO** ....
MODELO UTILIZADO ....
MATERIAL NECESARIO ....

ESQUEMA / FOTO

NOTAS ADICAIONALES

....
....
....
....
....
....
....
....

Libro de proyectos de costura

Libro de proyectos de costura

DETALLES

PROYECTO ....
CREADO PARA ....
FECHA DE INICIO .... **FECHA DE FINALIZACIÓN** ....
PUNTO .... **CANTIDAD** ....
PRECIO .... **DEPÓSITO PAGADO** .... **SALDO PAGADO** ....
MODELO UTILIZADO ....
MATERIAL NECESARIO ....

ESQUEMA / FOTO

NOTAS ADICAIONALES

....
....
....
....
....
....
....
....

Rastreador de costura para llevar un registro de los proyectos de costura - regalo perfecto para los amantes de la costura

Rastreador de costura para llevar un registro de los proyectos de costura - regalo perfecto para los amantes de la costura

DETALLES

PROYECTO ....
CREADO PARA ....
FECHA DE INICIO .... **FECHA DE FINALIZACIÓN** ....
PUNTO .... **CANTIDAD** ....
PRECIO .... **DEPÓSITO PAGADO** .... **SALDO PAGADO** ....
MODELO UTILIZADO ....
MATERIAL NECESARIO ....

ESQUEMA / FOTO

NOTAS ADICAIONALES

....
....
....
....
....
....
....
....

Libro de proyectos de costura

Libro de proyectos de costura

DETALLES

PROYECTO ....
CREADO PARA ....
FECHA DE INICIO .... **FECHA DE FINALIZACIÓN** ....
PUNTO .... **CANTIDAD** ....
PRECIO .... **DEPÓSITO PAGADO** .... **SALDO PAGADO** ....
MODELO UTILIZADO ....
MATERIAL NECESARIO ....

ESQUEMA / FOTO

NOTAS ADICAIONALES

....
....
....
....
....
....
....

Rastreador de costura para llevar un registro de los proyectos de costura - regalo perfecto para los amantes de la costura

Rastreador de costura para llevar un registro de los proyectos de costura - regalo perfecto para los amantes de la costura

DETALLES

PROYECTO ....

CREADO PARA ....

FECHA DE INICIO .... **FECHA DE FINALIZACIÓN** ....

PUNTO .... **CANTIDAD** ....

PRECIO .... **DEPÓSITO PAGADO** .... **SALDO PAGADO** ....

MODELO UTILIZADO ....

MATERIAL NECESARIO ....

ESQUEMA / FOTO

NOTAS ADICAIONALES

Libro de proyectos de costura

Libro de proyectos de costura

DETALLES

PROYECTO ....
CREADO PARA ....
FECHA DE INICIO .... **FECHA DE FINALIZACIÓN** ....
PUNTO .... **CANTIDAD** ....
PRECIO .... **DEPÓSITO PAGADO** .... **SALDO PAGADO** ....
MODELO UTILIZADO ....
MATERIAL NECESARIO ....

ESQUEMA / FOTO

NOTAS ADICAIONALES

....
....
....
....
....
....
....

Rastreador de costura para llevar un registro de los proyectos de costura - regalo perfecto para los amantes de la costura

Rastreador de costura para llevar un registro de los proyectos de costura - regalo perfecto para los amantes de la costura

DETALLES

PROYECTO ....
CREADO PARA ....
FECHA DE INICIO .... **FECHA DE FINALIZACIÓN** ....
PUNTO .... **CANTIDAD** ....
PRECIO .... **DEPÓSITO PAGADO** .... **SALDO PAGADO** ....
MODELO UTILIZADO ....
MATERIAL NECESARIO ....

ESQUEMA / FOTO

NOTAS ADICAIONALES

....
....
....
....
....
....
....
....

Libro de proyectos de costura

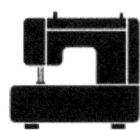

Libro de proyectos de costura

DETALLES

PROYECTO ....
CREADO PARA ....
FECHA DE INICIO .... **FECHA DE FINALIZACIÓN** ....
PUNTO .... **CANTIDAD** ....
PRECIO .... **DEPÓSITO PAGADO** .... **SALDO PAGADO** ....
MODELO UTILIZADO ....
MATERIAL NECESARIO ....

ESQUEMA / FOTO

NOTAS ADICAIONALES

....
....
....
....
....
....
....

Rastreador de costura para llevar un registro de los proyectos de costura - regalo perfecto para los amantes de la costura

Rastreador de costura para llevar un registro de los proyectos de costura - regalo perfecto para los amantes de la costura

DETALLES

- **PROYECTO** ....
- **CREADO PARA** ....
- **FECHA DE INICIO** .... **FECHA DE FINALIZACIÓN** ....
- **PUNTO** .... **CANTIDAD** ....
- **PRECIO** .... **DEPÓSITO PAGADO** .... **SALDO PAGADO** ....
- **MODELO UTILIZADO** ....
- **MATERIAL NECESARIO** ....

ESQUEMA / FOTO

NOTAS ADICAIONALES

....
....
....
....
....
....
....
....

Libro de proyectos de costura

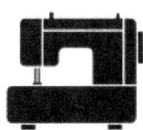

Libro de proyectos de costura

DETALLES

PROYECTO ....
CREADO PARA ....
FECHA DE INICIO .... **FECHA DE FINALIZACIÓN** ....
PUNTO .... **CANTIDAD** ....
PRECIO .... **DEPÓSITO PAGADO** .... **SALDO PAGADO** ....
MODELO UTILIZADO ....
MATERIAL NECESARIO ....

ESQUEMA / FOTO

NOTAS ADICAIONALES

....
....
....
....
....
....
....

Rastreador de costura para llevar un registro de los proyectos de costura - regalo perfecto para los amantes de la costura

Rastreador de costura para llevar un registro de los proyectos de costura - regalo perfecto para los amantes de la costura

DETALLES

PROYECTO ....

CREADO PARA ....

FECHA DE INICIO .... **FECHA DE FINALIZACIÓN** ....

PUNTO .... **CANTIDAD** ....

PRECIO .... **DEPÓSITO PAGADO** .... **SALDO PAGADO** ....

MODELO UTILIZADO ....

MATERIAL NECESARIO ....

ESQUEMA / FOTO

NOTAS ADICAIONALES

....
....
....
....
....
....
....

Libro de proyectos de costura

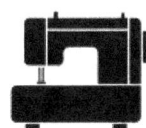